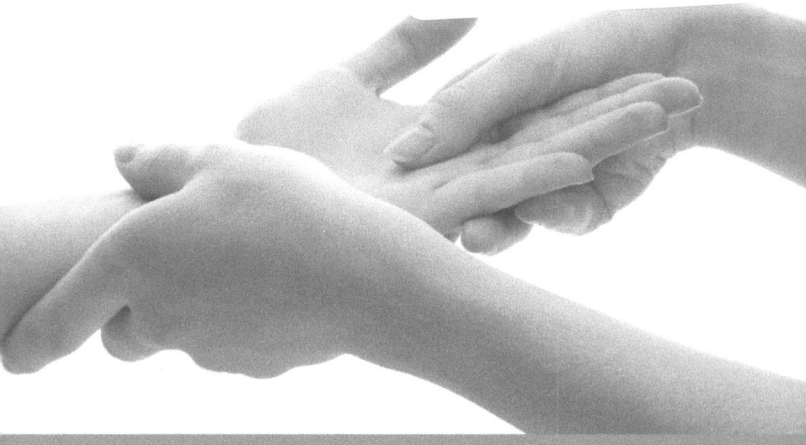

OSTEOPATHIE

HÄNDE, DIE HEILEN UND VORBEUGEN

CHRISTOF KOZIOL & DR. ERICH LEDERER

© 2018 Christof Koziol & Dr. Erich Lederer

Umschlaggestaltung und Satz: Julie Hodgins (www.juliekaren.com)
Umschalgfoto: Africa Studio / Shutterstock

Verlag und Druck: tradition GmbH, Halenreie 40-44, 22359 Hamburg

ISBN Taschenbuch: 978-3-7469-4160-8
ISBN Hardcover: 978-3-7469-4161-5
ISBN e-Book: 978-3-7469-4162-2

Bibliografische Information der Deutschen Nationalbibliothek:

Die Deutsche Nationalbibliothek verzeichnet diese Publikation in der Deutschen Nationalbibliografie; detaillierte bibliografische Daten sind im Internet über http://dnb.d-nb.de abrufbar.

INHALT

Lieber Leser,

Noch ein Buch über Osteopathie? Wer in einer Buchhandlung oder im Netz nach Literatur zu diesem Thema sucht, wird schnell fündig. Je nach Wissensdurst mit dicken Wälzern oder kompakten Ratgebern. Braucht es dabei also noch ein weiteres Werk zum Thema Osteopathie?

Fakten über die Osteopathie finden Sie zuhauf im Netz wie auch in gedruckter Form. Hinweise dazu liefern wir Ihnen im Anhang des Buchs. Wir, die Autoren Christof Koziol und Erich Lederer wollen Sie auf den folgenden Seiten motivieren, sich auf die Osteopathie einzulassen. Vielleicht gerade dann, wenn Sie es zuerst mit der klassischen Schulmedizin probiert haben. Wenn Sie sich noch nicht so intensiv mit dieser Heilmethode beschäftigt haben, liefert Ihnen dieses Büchlein einen Überblick, was Sie bei einem Besuch in der Osteopathie-Praxis erwartet. Sie werden die Techniken kennenlernen, mit denen der Osteopath versucht, die Funktion von Gelenken oder inneren Organen wieder herzustellen und Störungen zu beseitigen.

Was wir aber nicht wollen, ist Ihnen trockenen Stoff aus dem Ausbildungslehrplan für Osteopathen zu vermitteln. Deswegen haben wir versucht, die Möglichkeiten, aber auch die Grenzen der Osteopathie anhand von Fallbeispielen aus der täglichen Praxis zu verdeutlichen. Dabei zeigen wir Ihnen, wie Sie als Patient aktiv am Heilerfolg mitwirken und auch vorbeugend gegen mögliche Beschwerden angehen können. Ganz wollen wir Ihnen aber auch nicht vorenthalten, warum Sie ihrem Osteopathen auch aufgrund seiner umfassenden Ausbildung vertrauen können.

Die Osteopathie sieht sich nicht als Alternative zur Schulmedizin, sondern möchte die Möglichkeiten der klassischen Lehre erweitern und dort wirken, wo die Möglichkeiten moderner Medizin nichts mehr ausrichten oder nur mit unverhältnismäßig großem Aufwand wirken. Ganz wichtig aber ist: Ihr Osteopath kann Sie nicht heilen! Was er kann, ist die Selbstheilungskräfte Ihres Körper aktivieren und damit anregen, wieder den Zustand vor der Verletzung oder der Krankheit einzunehmen. Mit welchen Techniken er solche Anstöße zur Selbstheilung gibt, wollen die Autoren in diesem kleinen Buch aufzeigen.

Also kein Buch, dass Ihnen die Osteopathie als allein-gesundmachende Heilslehre verkaufen will, sondern eine Einladung, es mit Osteopathie zu versuchen, wenn wieder einmal der Rücken schmerzt oder wenn Sie die quälenden Kopfschmerzen nicht mit starken Schmerzmitteln betäuben wollen.

Wir wünschen Ihnen viel Spass beim Blättern und sich anregen lassen.

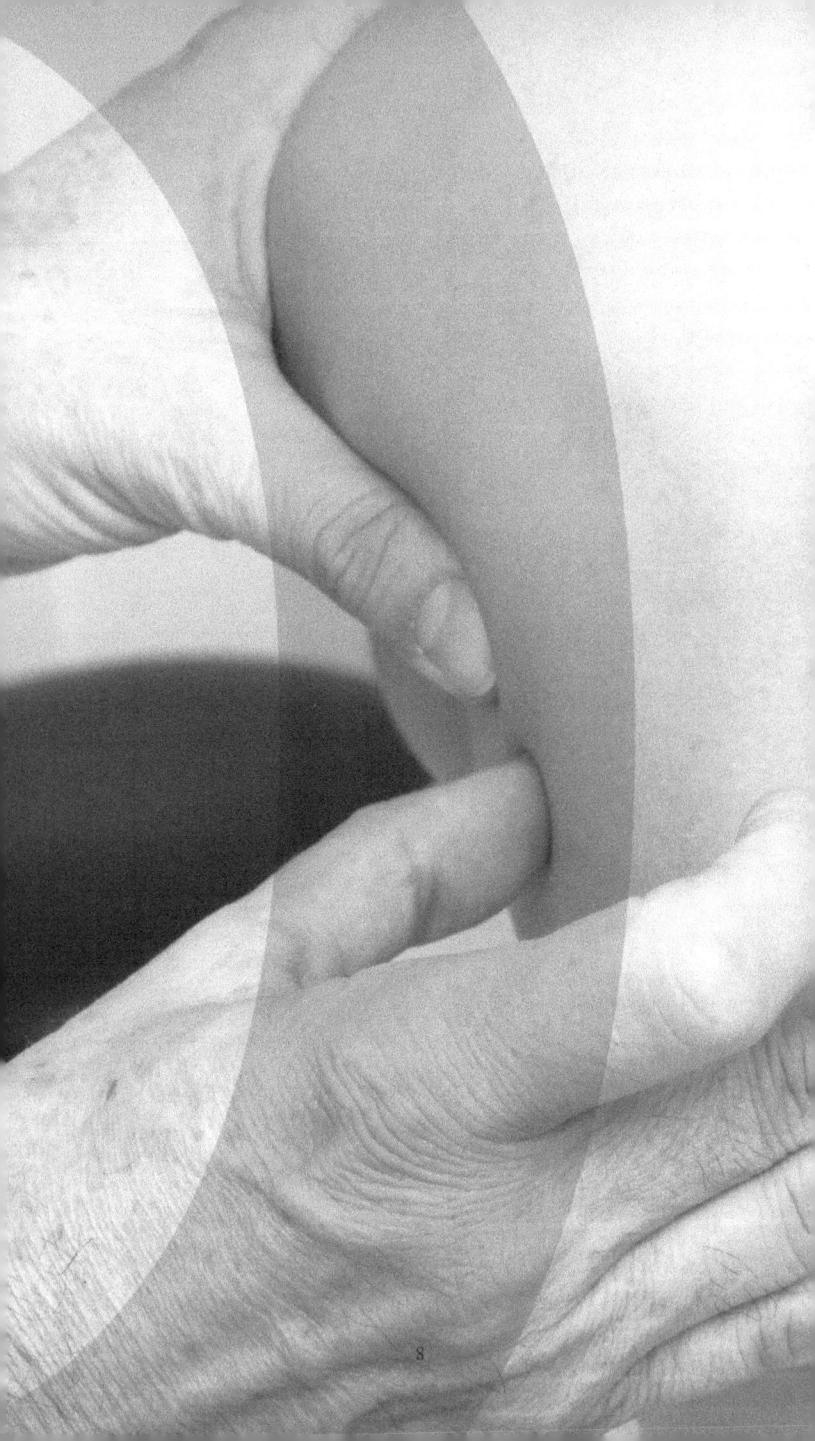

WARUM OSTEOPATHIE?

Der Patient kommt in die Praxis, weil er unter Schmerzen im Beckenbereich leidet. Bei der Untersuchung erzählt er dem Osteopathen, dass er Probleme mit seinem regelmäßigen Stuhlgang hat und des öfteren unter Verstopfung leide.

Die Untersuchung mit den Händen des Osteopathen zeigt, dass durch die Spannung im unteren Darmabschnitt auch die Hüftmuskulatur nicht so funktioniert wie sie das soll. Bewegungen der Hüfte sind damit allem Anschein nach für die Schmerzen verantwortlich.

Mit gezielten Handgriffen verschaffen die behandelnden Hände dem Darm wieder mehr Bewegungsfreiheit und lockern die Beckenmuskulatur. Mit seiner Behandlung verschafft der Osteopath dem Patienten wieder mehr Beweglichkeit und korrigiert seine falsche Körperhaltung. Die Schmerzen und Beschwerden des Patienten verschwinden daraufhin.

An diesem Beispiel zeigt sich, wie und warum Osteopathie wirkt. Wir sehen darin auch, wie unser

Körper auf Störungen bei seiner Arbeit reagiert und wie Osteopathie diese Störungen wieder beseitigen kann.

LEBEN IST BEWEGUNG.

Können sich Gelenke nicht mehr frei bewegen, reagiert der Körper mit Schmerzen. Genauso beschwert er sich, wenn Faszien verklebt sind und nicht mehr optimal gleiten. Dabei sind Organe und Bindegewebe nicht einfach nur im Körper aufgehängt und für eine bestimmte Funktion zuständig, sondernTeil eines großen Netzwerks. Reißt es an einer Stelle ein, dann nimmt auch die Stabilität des Ganzen ab. Auch andere Verbindungen können dann den Belastungen nicht mehr Stand halten.

Die Osteopathie kann diese Risse aufspüren und wieder in die richtige, ursprüngliche Form bringen. Mit seinen Händen spürt der Osteopath, wo sich solche Blockaden gebildet haben und kann diese Sperren lösen.

Damit Bewegung und damit Leben überhaupt erst möglich ist, brauchen Organe, Muskulatur und Bindegewebe Versorgungsleitungen und Kabel für ihre Steuerung. Ohne Blut- und Lymphgefässe und ein funktionierendes Nervensystem kann der Körper nicht funktionieren. Schon der Gründer der Osteopathie, Andrew Still erkannte diesen Zusammenhang genau: „Eine beeinträchtigte Arterie markiert auf die Stunde und Minute genau den Beginn, an dem eine Krankheit im menschlichen Körper den Samen der Zerstörung sät. Die Arterie muss überall, jederzeit und absolut ungehindert das Regiment führen können, oder eine Krankheit wird folgen."

Wie sehr die verschiedenen Systeme im Organismus versponnen sind, zeigt die Tatsache, dass verstopfte Gefäße bei Arteriosklerose die Beweglichkeit von Gelenken beeinträchtigen. Umgekehrt behindern nicht selten verspannte Muskeln die Versorgung von Organen mit Blut oder behindern den Abfluss der Lymphe. Die Osteopathie hilft, Muskeln und Leitungsbahnen wieder so auszurichten, dass der Zufluss von Nährstoffen als auch die Abfallentsorgung wieder ungehindert klappt.

FASZIEN SORGEN FÜR VERBINDUNGEN.

Eine wichtige Rolle in diesem Netz übernimmt auch das Bindegewebe - die Faszien: Es überträgt nicht nur die Funktion eines Organs oder eines Muskels auf andere, sondern kann natürlich auch Störungen weiterleiten und damit Krankheitssymptome an ganz anderer Stelle zum Vorschein bringen. Nicht selten sind dann beispielsweise Probleme bei der Verdauung die Folge von Schmerzen in der Lendenwirbelsäule oder Blockaden im Bereich der Brustwirbelsäule und umgekehrt.

Wenn Bewegungen nicht mehr so funktionieren, wie sie in der Architektur des menschlichen Körpers vorgesehen waren, kann das Körperteil seine Aufgaben nicht mehr richtig ausführen. Im schlimmsten Fall verändert die Behinderung sogar die Form, die Struktur des Muskels, Bands oder Organs. Rechtzeitig einzugreifen kann dann größere Schäden verhindern. Der Osteopath erkennt Einschränkungen im normalen Bewegungsmuster und Spannungen in den Geweben schon sehr früh und kann diese lösen.

BEGRÜNDER DER OSTEOPATHIE: ANDREW STILL.

Die Zusammenhänge zwischen Bewegung, Funktion und Gesundheit erkannte zuerst der amerikanische Arzt Andrew Still. In der zweiten Hälfte des 19. Jahrhunderts musste er zusehen wie drei seiner Kinder an der epidemischen Rückenmarksentzündung starben, eine Krankheit, gegen die die damaligen Medizin keine Mittel hatte. Still untersuchte die Anatomie des Menschen sehr genau und interessierte sich besonders für Knochen und deren Funktion im Körper. Allein mit seinen Händen, so fand er heraus, konnte er Störungen beheben. Mit sanftem Druck linderte er vor rund 150 Jahren die Leiden seiner Patienten. Als er 1874 seine Lehre vorstellte, gab er ihr den Namen Osteo-Pathie (Aus dem griechischen „osteon" = Knochen und „pathos" = Leiden), indem er das Skelett als Ausgangspunkt für Krankheiten ansah.

In den USA ist die Osteopathie als fester Bestandteil der Medizin etabliert. Etliche Krankenhäuser behandeln ihre Patienten dort ausschließlich nach osteopathischen Grundsätzen und jeder zehnte Arzt der amerikanischen Streitkräfte ist ein Osteopath. Aber auch im deutschsprachigen Raum vertrauen immer mehr Menschen auf die Fähigkeiten dieser sanften Medizin. Dabei sieht sich die Osteopathie durchaus nicht als „Alles-Heilerin". Bei schweren Verletzungen oder Tumorerkrankungen wird Sie Ihr Osteopath an einen kundigen Facharzt verweisen. Das schließt aber nicht aus, dass die Osteopathie auch andere Therapieformen, auch solche, die aus der Schulmedizin kommen, wirkungsvoll unterstützen kann. Damit sorgt sie dafür, dass der Patient schneller wieder auf die Beine kommt.

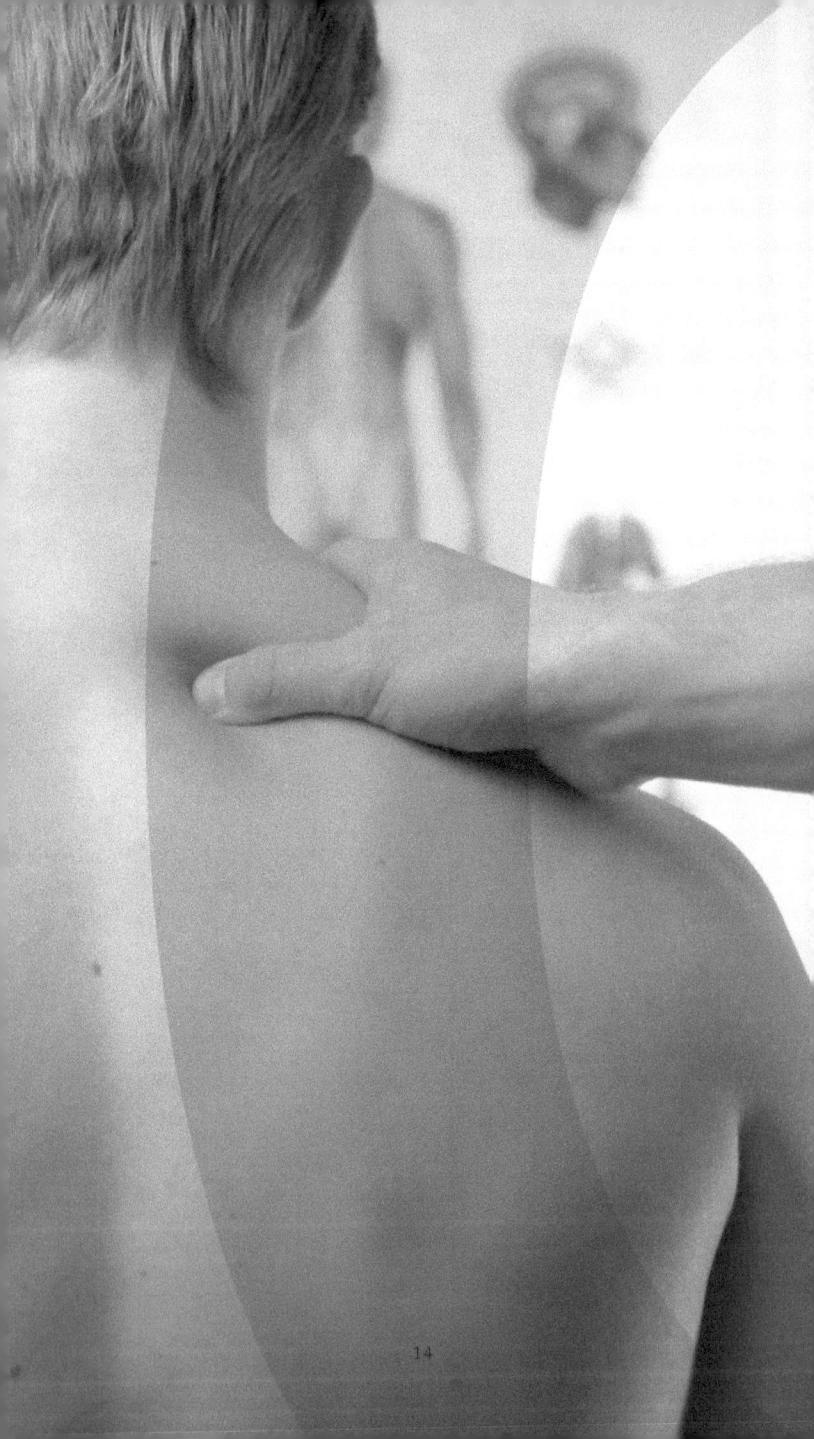

KAPITEL 1

WAS IHR OSTEOPATH KANN

Immer wieder kommen die Schmerzen im Rücken, schon seit langer Zeit, obwohl auf den ersten Blick keine Ursache erkennbar ist. Der Osteopath ertastet die Verspannung der Muskulatur und fühlt Unterschiede in der Hauttemperatur. Auch eine Spannung im Gewebe fällt ihm auf. Er weiß, dass die gleichen Nerven nicht nur die Rückenmuskeln versorgen, sondern etwa auch den Magen. Letztendlich, so stellt sich heraus, leidet der Patient an einem Magengeschwür. Mit erfahrenen Grifftechniken sorgt der Osteopath dafür, dass die umgebenden Muskeln und Faszien die Beweglichkeit des Magens wieder verbessern. Damit verbessert sich auch die Durchblutung und der Transport der Nahrung weiter zum Darm. Aber auch die Umgebung des Magens, Wirbelsäule, Zwerchfell und benachbarte Organe arbeiten nach der Therapie uneingeschränkter als zuvor.

Nicht immer liegt dort, wo Beschwerden auftreten, auch die Ursache des Leidens. Der Osteopath weiß um die Zusammenhänge zwischen den verschiedenen Regionen des Körpers und ihre Verbindungen. Ohne seine umfassende Ausbildung könnte er vielleicht Symptome behandeln, nicht jedoch allein mit seinen Händen auch tiefere Regionen des Körpers erforschen.

VON AMERIKA NACH EUROPA.

Schon der Begründer der Osteopathie in Amerika, Andrew Still, sah sich nicht nur als Heiler, sondern auch als Lehrer, der seine Erkenntnisse an seine Schüler weitergab. Im US-Bundesstaat Missouri gründete er die „American School of Osteopathy" gegen Ende des 19. Jahrhunderts. Das entsprechende Studium schlossen seine Schüler mit einem „D.O." ab, dem Diplomate in Osteopathy", einem Diplom. Einer davon, John Martin Littlejohn, eröffnet 1917 in London die British School of Osteopathy und bringt damit diese Art der Medizin nach Europa.

Nach Deutschland kommt die Osteopathie erst relativ spät. Erst seit den achtziger Jahren des letzten Jahrhunderts werden Osteopathen systematisch ausgebildet, in Österreich seit Beginn der neunziger Jahre.

KÖNNEN DURCH INTENSIVE AUSBILDUNG.

Wer glaubt, man könnte die Osteopathie schnell einmal so nebenbei erlernen und dann eine Praxis eröffnen, der irrt. Berufsbegleitend sind fünf Jahre Ausbildung die Regel oder vier Jahre als Vollzeit-Ausbildung. Auch wer nach seinem abgeschlossenen Medizinstudium als Osteopath tätig werden will, muss mit 700 Stunden zusätzlicher Ausbildung rechnen.

Noch immer ist allerdings „Osteopath" keine geschützte Berufsbezeichnung. Neben anerkannten Akademien gibt es auch Wildwuchs mit „Schnellkursen" zum Osteopathen. Daher lohnt es sich für den Osteopathie-Neuling, seinen Theraputen nach seiner Ausbildung zu fragen. Wer nicht als Arzt oder Heilpraktiker osteo-pathisch tätig wird, kann das sonst nur auf Anordnung therapieren. Das gilt zum Beispiel für Physiotherapeuten. Inzwischen bieten auch mehrere Hochschulen eine Ausbildung zum „Bachelor of Science" (B.Sc.) in Osteopathie an, ein akademischer Titel, der allein jedoch noch nicht zur Ausübung des Berufs berechtigt.

PARIETALE, CRANIOSAKRALE UND VISZERALE OSTEOPATHIE.

In der Gründerzeit der Osteopathie basierte Stills Lehre vor allem auf dem Gerüst des menschlichen Körpers und seinen Verbindungen und Haltegliedern sowie auf der detaillierten Kenntnis von Knochenskelett, Gelenken, Muskeln, Sehnen, Bändern und Faszien. Dementsprechend erfolgreich war die Osteopathie bei der Behandlung von Problemen bei Körperbewegungen, Haltungsschäden und Muskelverspannungen. Das ist heute nur mehr ein Teilbereich der Osteopathie, wenn auch ein sehr bedeutender: die parietale Osteopathie.

William Garner Sutherland fügte in den dreissiger Jahren des letzten Jahrhunderts einen weiteren Bereich zur klassischen Osteopathie dazu, die craniosakrale Osteopathie. Ähnlich wie Atem- und Herzrhythmus ermöglicht der „primäre respiratorische Mechanismus" (PRM) feine zyklische Bewegungen, die am Schädel und der Wirbelsäule vom geübten Osteopathen ertastet werden können. Dieser „craniosakrale" Rhythmus (nach Cranium = Schädel) und Sacrum = Kreuz) beeinflusst den Stoffwechsel des Körpers. Die Hand des Therapeuten kann auch darauf einwirken und dadurch etwa Beschwerden im Kopfbereich lindern. Besonders bei der Therapie von Neugeborenen ist die cranio-sakrale Osteopathie von großer Bedeutung.

Die viszerale Osteopathie kümmert sich schließlich um die inneren Organe und ist recht jung. Erst in den achtziger Jahren entwickelten französische Osteopathen die Fachrichtung. So wie Knochen und Muskeln durch Bindegewebe oder Gelenke verbunden sind, gilt das auch für innere Organe. Bestimmte Anheftungspunkte und Gleitflächen bestimmen die Beweglichkeit von Nieren, Leber oder Bauchspeicheldrüse. Kann sich ein Organ nicht mehr richtig bewegen, stört das seine Funktion. Ursache sind möglicherweise Verklebungen oder Fehler im Halteapparat. Der Osteopath kann diese Störungen aufspüren und die Blockaden lösen, sodass die Organe wieder frei in ihrer Beweglichkeit sind.

SPORT- UND KINDEROSTEOPATHEN.

Viele Osteopathen haben sich auch in ihrem Beruf weiter spezialisiert. So nutzen auch viele Spitzensportler die sanfte Medizin, um sich vor Verletzungen zu schützen oder sie schneller wieder auszukurieren. Der Sportosteopath weiß um die besonderen Anforderungen von Sportlern an ihren Körper und um die Möglichkeiten, Schäden schnell und sanft wieder zu beheben.

Ebenso empfindlich sind die Organe, Muskeln und Knochen von Kindern und Jugendlichen - oder Senioren. Daher haben sich Kinder- oder geriatrische Osteopathen in umfangreichen Weiterbildungen ganz besondere Kenntnissen für diese Patientengruppen angeeignet.

In Deutschland sind Osteopathen in verschiedenen Fachgesellschaften organisiert. Nicht selten hängt daher der Titel bei ihrer Berufsbezeichnung von der Mitgliedschaft in einer Standesorganisation ab. Neben den großen Verbänden VOD und BVO (Bundesverband Osteopathie) gibt es ein gutes Dutzend weiterer Standesorganisationen, die zum Teil auch Chiropraktiker oder Physiotherapeuten vertreten oder sich auf bestimmte Fachgebiete der Osteopathie spezialisiert haben.

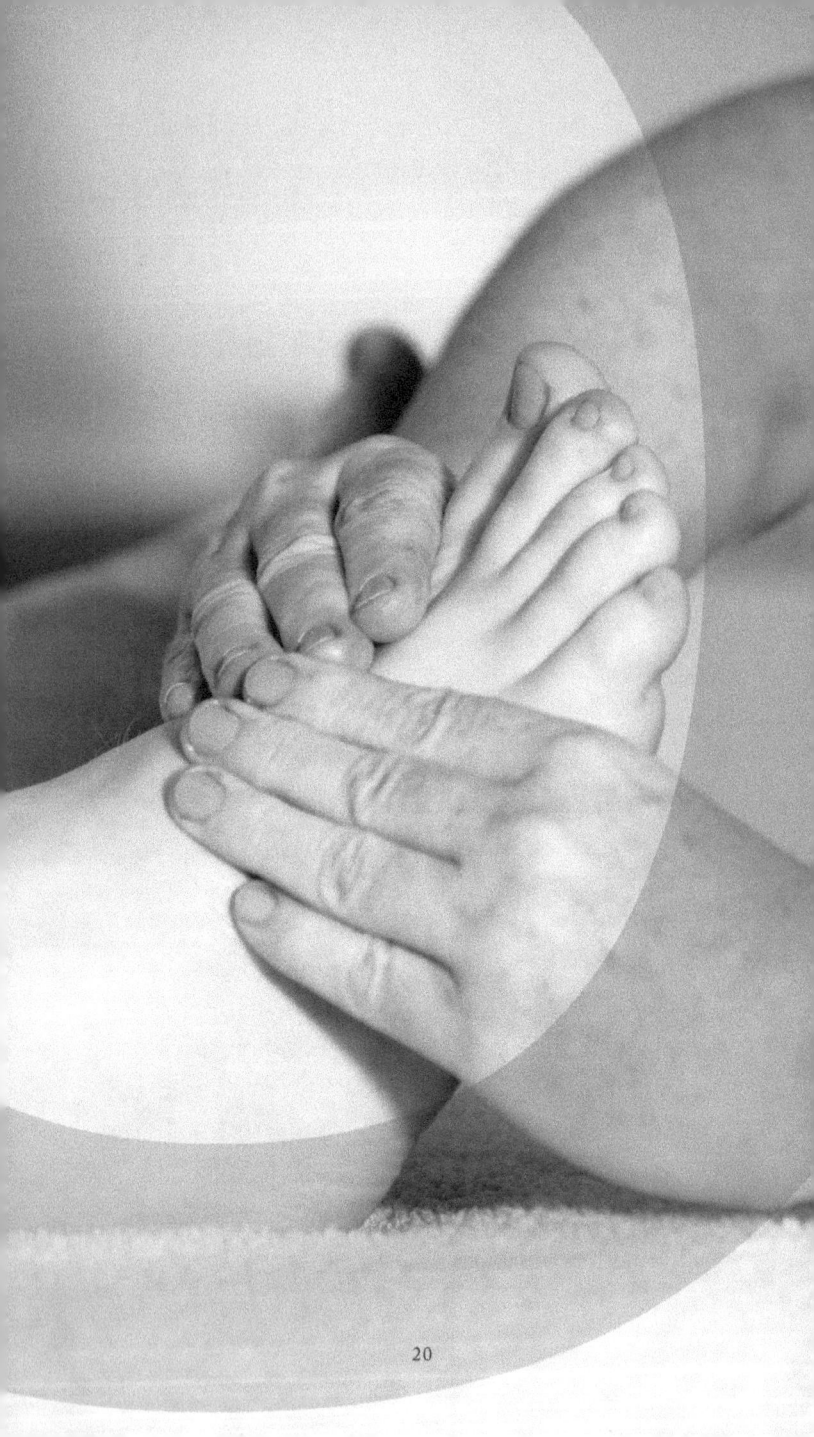

KAPITEL 2

MIT GEÜBTEN HANDGRIFFEN ZUR SELBSTHEILUNG

Die Patientin, Mitte zwanzig, klagt über Schmerzen im rechten Knie, insbesondere beim Sport. Hausarzt und Orthopäde stellten jedoch keine Veränderungen im Gelenk fest. An einen Unfall als Ursache für die Beschwerden kann sich die Patientin nicht erinnern.

Bei der Schilderung ihrer vorhergehenden Leiden berichtet sie jedoch von einer Blinddarm-Operation vor einem Jahr und ausserdem einem länger zurückliegenden Bandscheibenvorfall im Bereich der Lendenwirbelsäule, die jedoch beide keine weiteren Schmerzen im Rücken oder Bauch verursachten.

Allerdings bemerkt der Osteopath bei der manuellen Untersuchung dass die Hüfte rechts weniger beweglich ist und der Oberschenkelnerv nicht so empfindlich wie normal reagiert. Eine Verklebung an der Blinddarmnarbe verursacht beim Ertasten leichte Schmerzen. Mit geeigneten Handgriffen löste er diese Verklebung und entspannt dadurch auch den

Oberschenkelnerv. Bereits nach der ersten Behandlung lassen die Schmerzen deutlich nach. Sechs Wochen später kann die Patientin wieder wieder völlig schmerzfrei Sport treiben.

Was erwartet mich, wenn ich die Praxis eines Osteopathen betrete? Wie findet er heraus, wo die Ursache meiner Beschwerden liegt und wie er meinen Körper dazu bringen kann, die Störung wieder in Ordnung zu bringen?

LEBENSLAUF DES KÖRPERS.

Am Anfang der Untersuchung steht für ihn „Zuhören und Nachfragen". Er wird sich danach erkundigen, seit wann und bei welcher Gelegenheit die aktuellen Beschwerden aufgetreten sind. Gibt es Zusammenhänge zu bestimmten Tätigkeiten? Lagen Krankheiten oder Unfälle vor dem Beginn des Leidens? Je mehr Probleme es in der Vergangenheit gab, mit denen der Körper fertig werden musste, desto mehr wird er versucht haben, Defekte mit einer „Kompensation" auszugleichen. Damit kann er Schmerzen entgehen und dennoch die Funktion des Organs zumindest zum Teil erhalten.

Gerade bei Kindern wird sich der Osteopath möglicherweise auch nach Problemen bei der Schwangerschaft und der Geburt erkundigen. Hat die Mutter in dieser Zeit geraucht oder Alkohol getrunken? Gab es eine komplizierte Geburt wie etwa eine mit Saugglocke oder eine

Entbindung, die sehr lange dauerte? Solche Risikofaktoren spielen auch bei Leiden im Erwachsenenalter eine große Rolle und tragen dazu bei, den Körper aus der Balance zu bringen.

Für den Therapeuten ist es aber auch wichtig, über die vorhergehenden Behandlungen und Heilversuche Bescheid zu wissen. War der Patient zuvor bei einem anderen Arzt? Konnte er eine Ursache für die Störung finden? Möglicherweise gibt es auch eine vorhergehende schulmedizinische Behandlung, die nicht angeschlagen und die den Patienten dazu veranlasst hat, es mit der Osteopathie zu versuchen. Wenn der Osteopath nicht selber Arzt oder Heilpraktiker ist, darf er den Patienten nur auf eine schriftliche Anweisung eines Arztes behandeln, in der auch seine Einschätzung der Krankheit dokumentiert ist.

OSTEOPATHIE: PERSÖNLICHE THERAPIE STATT PATENTREZEPT.

Für ein solches Vorgespräch wird sich der Osteopath ausreichend Zeit nehmen, um möglichst viel über den Patienten und seine Beschwerden zu erfahren. Denn bei dieser ganzheitlichen Heilmethode gibt es keine Patentrezepte für bestimmte Leiden. Jeder Patient erhält eine ganz individuelle Behandlung, die auf ihn, seine Persönlichkeit und seinen Körper abgestimmt ist.

Damit aber eine solche individuelle Behandlung möglich wird, muss der Osteopath genau wissen, wie sich eine Störung im Körper seines Schützlings nach außen hin auswirkt. Das bedeutet, dass er genau erspürt, was sich gegenüber dem Normalzustand verändert - hier ist genaue Beobachtungsgabe gefragt. Wie verhält sich der Körper im Stehen, sitzen und in der Bewegung. Fallen irgendwelche Asymmetrien auf, ist der Gang gerade? Ist der Kopf beim Gehen aufrecht? Aus möglichen Ausgleichsbewegungen sieht der geübte Therapeut schnell, wo die Störungen herrühren.

Ebenso wie bei aktiven Bewegungen werden solche Ausgleichsbewegungen bei passiven Bewegungen sicht- und fühlbar, wenn der Osteopath die Gelenke des Patienten bewegt. Eine solche Feinuntersuchung erfolgt dann zumeist auf dem Behandlungstisch. Dort sind die Muskeln weitgehend entspannt und er kann am besten den drei wesentlichen Bewegungstypen nachspüren:

- der willentlich gesteuerten Bewegung (Mobilität),
- der vegetativ (unwillentlich) gesteuerten Bewegung (Motrizität) und
- der Bewegung der primären Respiration

UNREGELMÄSSIGKEITEN MIT DEN HÄNDEN ERSPÜREN.

Dabei palpiert der Osteopath den Körper, das heißt er „sieht mit seinen Händen" Unregelmäßigkeiten und Bewegungsmuster, die auf eine Störung hinweisen. Indem er die Verbindungen zwischen verschiedenen Körperteilen ertastet, entdeckt er dabei auch Krankheitsursachen, die Auswirkungen auf ganz andere Regionen haben. So kann ein einfaches Umknicken im Fuss etwa die Stellung des Beckens verändern. In der Folge reagiert die Wirbelsäule darauf und verändert die Kopfhaltung. Der Osteopath erfühlt aber auch die veränderte Lage von Organen, Verklebungen, dort wo die Beweglichkeit von Sehnen und Muskeln wichtig ist, oder Verhärtungen und eine unnatürlich angespannte Muskulatur.

Bei der Behandlung tritt der Osteopath in einen „Dialog mit dem Organismus". Vordringlich wird er sich dabei um akute Beschwerden kümmern, die seinem Schützling am meisten zu schaffen machen. Mit verschiedenen Techniken dehnt er dabei verkürzte Muskeln oder löst verklebte Gelenkflächen. Bei der „Manipulation" führt er das Gelenk schnell in eine bestimmte Richtung, bei Mobilisation drückt dagegen nur eine geringere Kraft auf den betreffenden Punkt. Beide Techniken sind - wie überhaupt die gesamte Behandlung in der Praxis - weitgehend schmerzfrei, abgesehen etwa von einem Ziehen, wenn Verklebungen gelöst werden. Auch bei kraniosakralen Techniken wirkt nur eine geringe Kraft auf die harte Schädeldecke ein. Bei dieser Anwendung spielt vielmehr die Zeit des Drucks eine bedeutende Rolle und beeinflusst damit die primäre Respirationsbewegung.

Der Patient kann direkt am Erfolg der Behandlung mitwirken: Am besten geht das, indem er sich entspannt und vertrauensvoll den Berührungen und Handgriffen des Osteopathen nachspürt. So steigen die Chancen, dass der Anstoß bei der Therapie eine Selbstregulierung im Organismus bewirkt.

THERAPIE: VORSCHLÄGE AN DEN KÖRPER.

Vom Patienten und seinen Beschwerden hängt es ab, wie lange die Behandlung dauert. Die erste Sitzung, in der der Osteopath den Patienten befragt und genau untersucht, dauert naturgemäß etwas länger als die darauf folgenden und kann auch schon mal eine Stunde dauern. Zwischen den einzelnen Therapiesitzungen bekommt der Körper in der Regel eine Erholungs- und Regenerationspause von ein bis zwei Wochen, in der er Gelegenheit hat, die Anstöße des Therapeuten umzusetzen. Je nach Art der Beschwerden und den Möglichkeiten zu Regeneration reichen manchmal schon zwei Sitzungen, um den schmerzfreien Zustand wiederherzustellen, in anderen Fällen sind dagegen sechs oder mehr notwendig.

Immer mehr gesetzliche Krankenkassen erstatten zumindest teilweise die Kosten der Behandlung. Sie liegen in der Regel zwischen 60 und 120 Euro pro Behandlungsstunde. Die Nachfrage bei der entsprechenden gesetzlichen oder privaten Kasse ist in jedem Fall empfehlenswert.

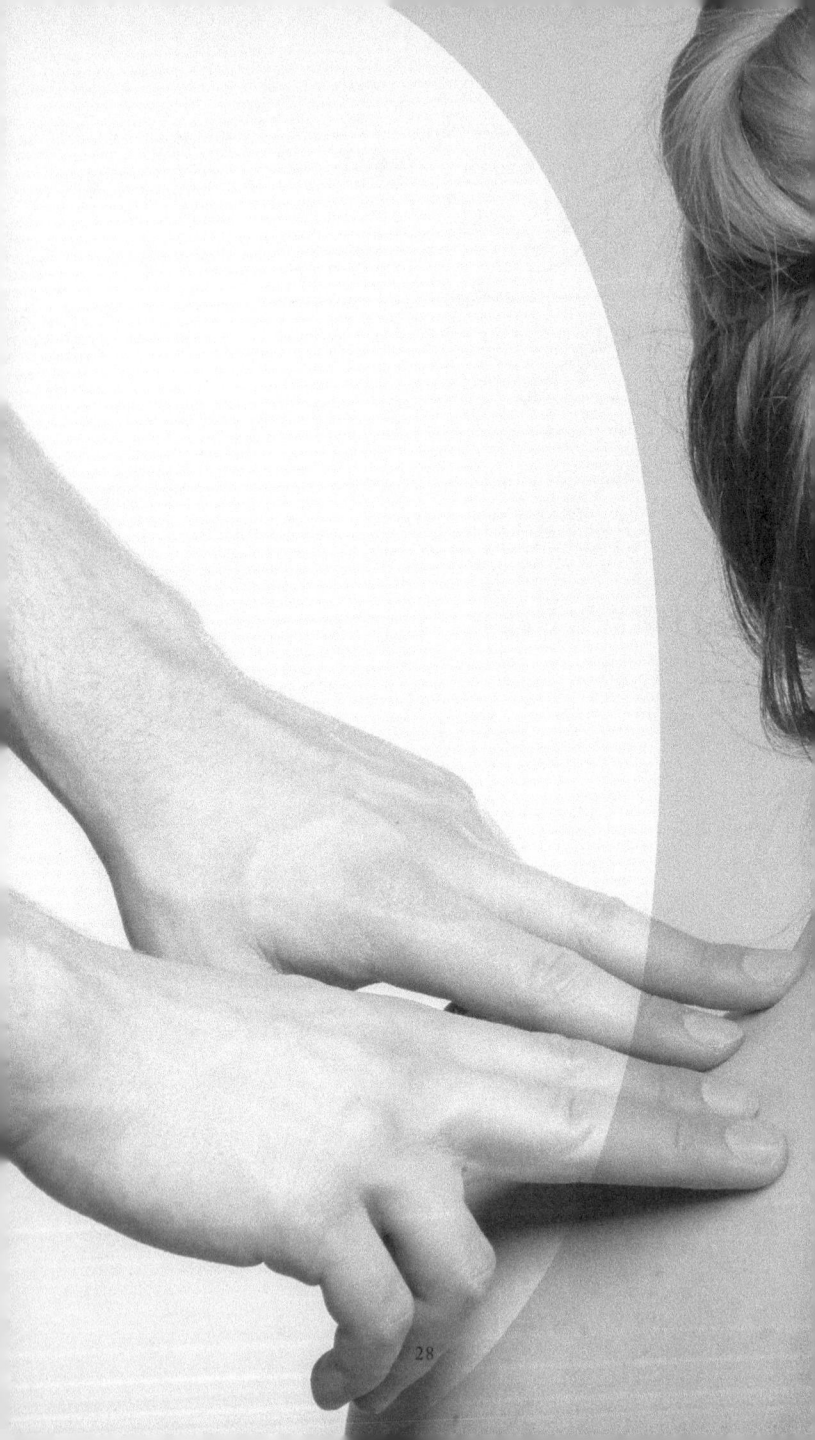

KAPITEL 3

VON FUSSSCHMERZEN UND KOPFWEH

Die Osteopathie kann bei einer Vielzahl von Beschwerden Hilfe leisten. Weil sie einen ganz anderen Zugang zum Körper und seinen möglichen Störungen als die Schulmedizin hat, findet sie auch oft Möglichkeiten, diese Beschwerden abzustellen, auch wenn andere Ärzte zuvor erfolglos geblieben sind.

In vielen Fällen betreffen die Schmerzen den Bewegungsapparat und Gelenke, also Schmerzen in den Armen, Beinen, Rücken oder etwa der Schulter. Aber auch innere Organe oder der Kopf können Beschwerden hervorrufen und lassen sich mit osteopathischen Mitteln behandeln. In einigen Fällen kann die Osteopathie die schulmedizinische Behandlung auch unterstützen und damit unangenehme Nebenwirkungen lindern. In vielen Fällen ist sie jedoch auch eine Alternative.

In der Ansicht der Osteopathie ist der ganze Körper des Menschen ein Netzwerk, in dem viele Funktionen zusammenspielen und bei dem ein kleiner Schaden in einem Teil eine Wirkung an ganz anderer Stelle auslösen kann. Daher wird sich der Osteopath nicht nur auf die schmerzende Stelle konzentrieren, sondern sich den ganzen Körper nach der Ursache genau ansehen.

TRÄGER DARM JAGT DEN SCHMERZ INS KREUZ.

Gelenkprobleme an den Armen und Beinen, aber auch Probleme mit der Wirbelsäule wie etwa Hexenschuss sind gut mit osteopathischen Methoden zu behandeln. Es gibt zahlreiche Möglichkeiten, die hinter einem gereizten Ischiasnerv stecken können. Möglicherweise drückt eine vorgefallene Bandscheibe auf den Nerv oder er ist in einem Zwischenwirbelloch eingezwängt und reagiert daher überaus sensibel. Möglicherweise steckt auch eine Entzündung dahinter.

Wölbt sich die Bandscheibe vor, steckt unter Umständen auch eine Überlastung des Darms dahinter. In der Folge nimmt seine Beweglichkeit ab und er übt einen beständigen Zug auf seine Aufhängung aus. Das belastet schließlich auch die elastischen Puffer zwischen den Wirbeln und das Iliosakralgelenk, das die Wirbelsäule mit dem Becken verbindet. Dieses Gelenk kann aber auch durch andere Ursachen blockiert sein und folglich zu einer Verspannung der Gesäßmuskeln führen. Der Osteopath wird je nach Ursache die Verspannungen lösen oder auch versuchen, die Beweglichkeit des Darms wiederherzustellen.

LUNGE UND SCHULTER.

Schulter- und Nackenschmerzen rühren in den meisten Fällen von Verkrampfungen der entsprechenden Muskulatur her, können jedoch auch ganz andere Auslöser haben. Eine Bronchitis oder gar eine Lungenentzündung beansprucht die Atemhilfsmuskeln in diesem Bereich übermäßig stark. In der Folge ziehen diese Muskeln am oberen Teil der Wirbelsäule und führen zu Schmerzen im Nackenbereich. Die Lunge zu untersuchen ist somit ein Teil der osteopathischen Routine bei solchen nicht eindeutigen Beschwerden.

SODBRENNEN: THERAPIE OHNE TABLETTEN.

Auch bei Verdauungsbeschwerden ist der Patient in der Osteopathie gut aufgehoben. Ein Osteopath kann etwa durch die Behandlung der Magenmund-Muskulatur die Ursache von Sodbrennen in den Griff bekommen. Bei Magenschmerzen wird er nicht nur die Lage des Organs kontrollieren sondern auch die Bahnen des vegetativen Nervensystems. Möglicherweise steckt ja ein auf Spannung befindlicher Eingeweidenerv dahinter, der sich vom Kopf entlang der Speiseröhre bis zum Magen zieht. Auch das Zwerchfell kann durch eine ungesunde Spannung Verdauungsbeschwerden hervorrufen. Mit geeigneten Griffen kann hier ebenfalls der Osteopath für Erleichterung sorgen.

MIGRÄNE UND KOPFSCHMERZ:
REAKTION AUF ENTFERNTE DEFEKTE.

Kopfschmerz ist einer der am weitesten verbreiteten Beschwerden bei Menschen mittleren Alters. Mit sanften Griffen kommt auch hier die Osteopathie manchmal weiter als die Schulmedizin. Manchmal entsteht der Schmerz im Schädel durch eine nicht ausreichende Durchblutung des Gehirns. Möglicherweise liegt aber der Auslöser viel tiefer, etwa im Becken im Bereich der Wirbelsäule. Daueranspannung der Muskulatur beeinträchtigt auf diese Weise auch die Funktion der Blutgefäße und damit die Versorgung des Nervenzentrums im Gehirn. Der Osteopath wird daher die Gelenkverbindungen des gesamten Skeletts untersuchen, um dort ungewöhnliche Spannungen zu erfühlen. Aber auch die Verbindungsglieder zwischen Kopf und Halswirbelsäule oder Kiefergelenke können unter Umständen für den Kopfschmerz verantwortlich sein. Mit gelernter Hand lassen sich Spannungen lösen und damit auch Migräne und andere Schmerzen im Kopf lindern.

VERKLEBUNGEN LÖSEN –
SCHMERZEN VERJAGEN.

Die Behandlung von Regelschmerzen und Unterleibsbeschwerden gehört ebenso zur Ausbildung und damit zum Repertoire eines erfahrenen Osteopathen. Oft steckt eine Veränderung am Skelett im Bereich des Beckens oder der Lendenwirbelsäule hinter den Problemen. Sobald die Zugspannung gelöst ist, nehmen die Beschwerden ab. Aber auch Verwachsungen oder eine unnatürliche Lage der Gebärmutter kommen als Schmerzverursacher in Frage. Über die Nervenleitungen des Rückenmarks kann sich die Spannung in unglücklichen Umständen bis in den Schädel hinein ausbreiten und sorgt dort für Kopfschmerzen. Auch eine solche Konstellation erkennt ein geübter Osteopath.

Verklebungen sind zuweilen die Ursache von Narbenschmerzen - Beschwerden, die nicht selten nach chirurgischen Eingriffen auftreten. Aber auch eine Entzündung kann Gewebe so zusammenfügen, dass sich die dabei entstehende Spannung unangenehm bemerkbar macht. Ein typisches Beispiel dafür sind Entzündungen des Rippenfells. Die zwei Schichten kleiden Brustkorb und Lunge aus und gleiten normalerweise fast reibungslos aneinander. Eine Verklebung hat nicht nur gravierende Folgen für die Funktion der betroffenen Organe sondern meldet sich im Nervensystem mit Schmerzen. Die verringerte Beweglichkeit im Bereich solcher Narben und Verklebungen kann der Osteopath ertasten und im nächsten Schritt lösen.

GESTRESSTE SCHREIKINDER.

Viele Osteopathen haben sich besonders auf die Behandlung von Kindern spezialisiert. Hinter vermeintlichen Schreikindern stecken oft Läsionen, die schmerzhafte Spannungen erzeugen oder selber direkt auf den Nerv drücken. Oft entstehen solche Läsionen schon während der Schwangerschaft oder später bei der Wanderung durch den Geburtskanal. Der Osteopath erfühlt und korrigiert solche Fehler. Beim Kind lässt dann damit schnell der Stress und seine Reaktion darauf nach.

KAPITEL 4

OSTEOPATHIE UND WISSENSCHAFT

Stechende Schmerzen in der Schulter. Im Laufe der letzten Wochen haben diese Schmerzen immer mehr zugenommen, besonders dann, wenn der Patient die Arme nach vorn hebt. Die 50 jährige Patientin raucht und trinkt regelmäßig am Abend ein oder zwei Gläschen Wein. Fünf Jahre zuvor war sie an der Gallenblase operiert worden.

Krankengymnastik, von ihrem Arzt verschrieben, brachte keinen messbaren Erfolg. Der Osteopath erkannte bei der Untersuchung die erhöhte Spannung rund um die Leber, wahrscheinlich durch die Operation entstanden. Alkohol belastete das Organ zusätzlich. Weiterhin fand er eine Blockade im Halswirbelbereich. Nachdem er die Spannung in der Leberregion und am Hals gelöst hatte, entspannte sich der Körper der Patientin ziemlich schnell und die Schmerzen verschwanden innerhalb kurzer Zeit.

MITTELWERT: CHARAKTERISTISCH
ODER EHER UNTYPISCH?

Jeder Körper eines Patienten ist anders. Genauso wie
die entstehenden Beschwerden, wenn etwas nicht
funktioniert. Weder Krankheiten noch die ganz spe-
ziell auf den Osteopathie-Patienten zugeschnittenen
Behandlungsformen lassen sich immer genau klassifizie-
ren und in feste Gruppen einteilen. Dementsprechend
gibt es bisher auch nicht allzu viele wissenschaftliche
Untersuchungen, wie groß die Erfolge der Osteopathie
bei der Behandlung spezieller Leiden sind.

Eine klinische Studie in der klassischen Medizin besteht
in der Regel aus vielen Testreihen mit einer Anzahl von
Patienten. Aus den Daten der Teilnehmer wird danach
ein Mittelwert errechnet. Ein solcher Mittelwert ist aber
nicht unbedingt typisch für einen Teilnehmer einer solchen Studie, sondern versucht bloß die Unterschiede zwischen den Patienten in einer Formel zu berücksichtigen.
Somit schließt die Schulmedizin von einer Gesamtheit
von Patienten auf die Situation eines Einzelnen.

KLINISCHE STUDIEN: AUFWÄNDIG UND TEUER.

Dennoch gehen auch etliche Untersuchungen über die
Wirkung der Osteopathie über die Beschreibung von
Einzelfällen hinaus. Allerdings haben Wissenschaftler
solche großen Studien mit vielen Patienten nur bei einer

begrenzten Anzahl von verbreiteten Leiden unternommen. Das hängt auch damit zusammen, dass der Aufwand sowohl in finanzieller Hinsicht als auch in Bezug auf die zusätzliche Arbeit für den Theraputen sehr hoch ist.

Solche Studien konnten etwa nachweisen, dass die Osteopathie vor allem bei andauernden Schmerzen im Rücken dem Patienten Besserung bringt. Eine Studie aus dem Jahr 1999 zeigte, dass Patienten mit dieser Heilmethode deutlich weniger Medikamente brauchten. Außerdem verbrachten sie weniger Zeit in einer Krankengymnastik-Praxis. 2005 bestätigte eine weitere Untersuchung, dass die Besserung bei osteopathisch behandelten Patienten mehr als drei Monate anhielt. Ein ganz klares Ergebnis brachte schließlich eine Studie aus dem Jahr 2014: Osteopathische Behandlungen lindern den Schmerz und helfen mit, die täglichen Arbeiten schmerzfrei zu erledigen. Dies gilt bei akuten und chronischen Rückenschmerzen im Allgemeinen, bei Rückenschmerzen von Schwangeren und von Frauen in der Zeit nach der Geburt. Wie bei bei dieser Studie im renommieren British Medical Journal wurden Osteopathie-Studien auch in anderen angesehenen Fachzeitschriften wie dem New England Journal of Medicine oder dem Lancet veröffentlicht.

In einer Serie von Untersuchungen konnte der Amerikaner Gert Bronfort auch bei akuten Schmerzen sowohl im Rücken als auch im Kopf die Wirkung von „Mobilisation" und „Manipulation" nachweisen. Schließlich nutzt entsprechend den Untersuchungen von Miriam Mills aus dem amerikanischen Oklahoma die Osteopathie auch bei Mittelohrentzündungen bei kleinen Patienten.

OSTEOPATHIE-PATIENTEN: ÜBERWIEGEND SEHR ZUFRIEDEN.

Im allgemeinen sind es bisher jedoch noch immer zu wenig systematische Studien, die die bessere Wirkung der Osteopathie belegen können,wenn sie sich mit der aufwändigen Schulmedizin vergleicht. Aus diesem Grund hat sich der so genannte Gemeinsame Bundesausschuss auch noch nicht mit einer Entscheidung befasst, die Osteopathie in den Heilmittelkatalog der gesetzlichen Krankenkassen aufzunehmen und damit die Kosten der Behandlung der Kasse und nicht dem Patienten aufzubürden.

Bei einer Umfrage der Stiftung Warentest konnte die Osteopathie die Sympathien der Mehrheit der Teilnehmer erringen. Sieben von zehn Teilnehmern waren mit der Arbeit ihres Osteopathen „sehr zufrieden". Dazu kamen weitere 17 Prozent mit einem „Zufrieden". Viele der rund 2500 Befragten hatten dabei schon Erfahrungen sowohl mit Osteopathie als auch mit der klassischen Schulmedizin gesammelt.

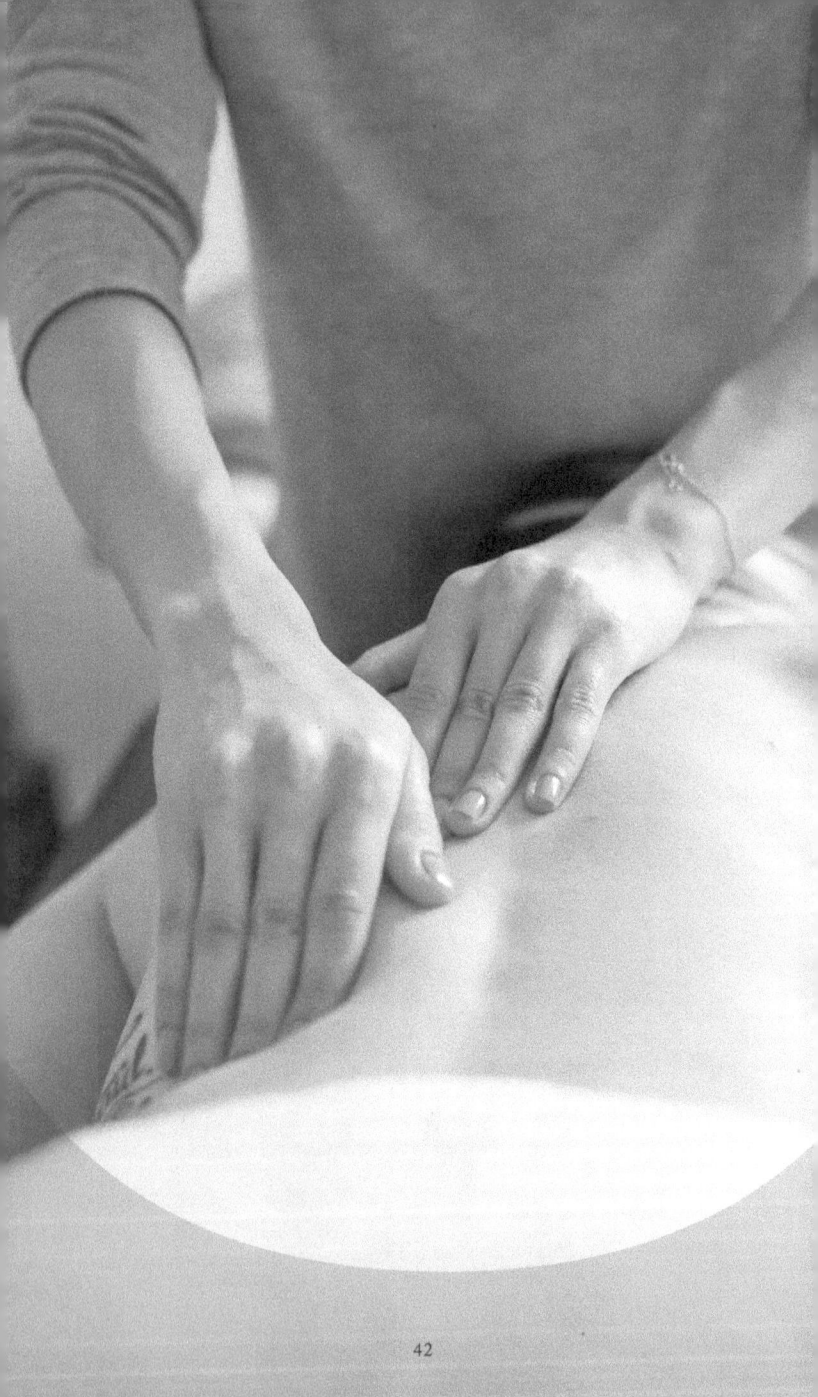

KAPITEL 5

WENN DIE OSTEOPATHIE AN GRENZEN STÖSST

Der Patient kommt mit heftigen Schmerzen im Unterbauch in die Praxis. Er berichtet, dass diese Schmerzen seit einigen Stunden krampfartig auftreten und sich wellenförmig bis in den Genitalbereich erstrecken. Gleichzeitig ist ihm so übel, dass er zeitweise erbrechen muss. Der Osteopath sieht beim Patienten die Zeichen einer Nierenkolik und sorgt für den Transport in eine nahe Klinik.

Die Osteopathie kann die Selbstheilungskräfte des Körpers anstoßen und damit viele Beschwerden heilen, die durch ein Ungleichgewicht bei täglichen Belastungen oder auch bei einer Verletzung entstanden sind. Aber Verletzung ist nicht gleich Verletzung: Wenn sich die Strukturen im Körper verändern, ohne dass die Möglichkeit besteht, dass sie sich von selbst zurückbilden, dann ist der Facharzt die bessere Adresse als der Osteopath. Das betrifft zum Beispiel Knochenbrüche, aber auch Bänderrisse oder Muskelverletzungen, die eine Operation notwendig machen.

NOTFÄLLE IN DIE KLINIK.

Die Osteopathie ist keine Notfallmedizin! Auch Verletzungen der inneren Organe durch einen Unfall oder ein schwerwiegender Kreislaufzusammenbruch muss schnellstens in ein Krankenhaus. Ein Herzinfarkt gehört genauso wie eine Nierenkolik auf die Notfallstation und nicht in die Osteopathie-Praxis.

Nicht nur bei akuten Erkrankungen gibt es Fälle, in denen der Osteopath nicht helfen kann. Auch bei chronischen Leiden wie einer Leberzirrhose, einer Lungenfibrose oder zahlreichen Autoimmunkrankheiten, bei denen Körper sein eigenes Gewebe angreift, hat der Osteopath kaum Chancen, etwas gegen die Krankheit auszurichten. Bei vielen Infektionen mit gefährlichen Keimen, die über den normalen Schnupfen hinausgehen, werden oft Antibiotika oder andere Medikamente vom Arzt vorgezogen.

UNTERSTÜTZUNG BEIM HEILUNGSPROZESS.

Die Heilkunst der Osteopathie beruht darauf, die Selbstheilungskräfte des Patienten zu aktivieren und den Körper dazu anzuregen, zu einem neuen oder wiederhergestellten Gleichgewicht zu finden. Bei schweren Krankheiten wie etwa auch einem Tumor, sind diese Selbstheilungskräfte überfordert.

Das bedeutet aber nicht, dass dabei der Osteopath überhaupt nichts mehr dazu beitragen kann, wieder gesund zu werden. Stark wirkende Mittel aus der Schulmedizin haben oft erhebliche Nebenwirkungen und beeinträchtigen die Funktion innerer Organe. Dabei kann die Osteopathie helfen, die Belastung möglichst gering zu halten und nach Ende der Therapie baldmöglichst wieder herzustellen. Auch bei Operationen unterstützt die Osteopathie die Heilung und hilft - zum Beispiel nach einem Arm- oder Beinbruch - dass der Patient bald wieder mit seiner Hand arbeiten oder gehen kann.

ENTSCHEIDEND: GRÜNDLICHE (VOR-)UNTERSUCHUNG.

Facharzt oder Osteopath? Ist die Ursache von Schmerzen nicht klar erkennbar, kann der Osteopath mit einer gründlichen Befragung und Untersuchung herausfinden, ob er dem Patienten mit seinen Fähigkeiten helfen kann. Ganz entscheidend ist dabei aber das Wissen um die Vorerkrankungen. Auch wenn vorangegangene Behandlungen ein unbefriedigendes Ergebnis erzielt haben, kann diese Information dem Osteopathen helfen, mit seinen Fähigkeiten dem Patienten wirkungsvoller zu behandeln. Vertrauen Sie Ihm! Er kennt seine Fähigkeiten, aber auch die Grenzen seiner Heilkunst und wird Sie im Zweifelsfall in kompetente Hände übergeben.

PRÄVENTION: DAMIT BESCHWERDEN NICHT GROSS WERDEN.

Wer lange mit gesunden Zähnen und ohne Prothese oder Implantate leben will, lässt seinen Zahnarzt regelmäßig einen Kontrollblick ins Gebiss werfen und kleinere Schäden beheben, bevor der ganze Zahn ins Wackeln gerät. Wer sich auch ohne akute Schmerzen auf den regelmäßigen Weg zu seinem Osteopathen macht, kann kleine Verspannungen, Verklebungen oder andere Probleme im täglichen Betrieb seines Körpers korrigieren, bevor sie sich ernsthaft bemerkbar machen.

Mit zunehmendem Alter kann dann der Körper nicht mehr alles kompensieren und kommt immer näher an eine Schwelle, aus der aus der ständigen Belastung ein Schmerz wird, an dem bestimmte Bewegungen nicht mehr so leicht wie früher funktionieren oder auch Organe nur eine eingeschränkte Funktion melden.

Der Osteopath übernimmt die Rolle des Automechanikers, der mit seinem Wissen und seiner Erfahrung Schwachstellen im Getriebe oder Fahrwerk bei der regelmäßigen Inspektion schnell aufspürt. Von ihm bekommen sie Tipps, um die vorzeitige Alterung zumindest zu verlangsamen, auch wenn er den fabrikneuen Zustand nicht wieder herstellen kann.

Bei groben Schäden tut sich auch ein guter Osteopath schwer, seinen Patienten innerhalb kurzer Zeit wieder voll beweglich und gleichzeitig schmerzfrei zu machen. Wer der Osteopathie vertraut und in einem Intervall von sechs bis acht Wochen regelmäßig in der Praxis vorbeischaut, der hat schon viel dafür getan, auch im Alter noch beweglich und gesund zu bleiben.

QUELLEN UND LITERATUR

Christoph Newiger: Osteopathie - Sanftes Heilen mit den Händen, Trias-Verlag

http://www.osteokompass.de

FALLBEISPIELE:

http://www.marburg-osteopathie.de/was-ist-osteopathie/fallbeispiel

http://www.tz.de/leben/gesundheit/muenchner-professor-osteopathie-2291554.html

http://www.osteopathie-goesmeier.de/de/fallbeispiele/knieschmerzen

http://www.physiotherapie-hohnstraeter.de/93/schulterschmerzen-osteopathie

WISSENSCHAFTLICHE ARTIKEL:

M. Wagner und M. Yalin: Osteopathie in Deutschland. *Manuelle Medizin* (2013): http://dx.doi.org/10.1007/s00337-013-1042-8

G.B. Andersson, et. al.: A comparison of osteopathic spinal manipulation with standard care for patients with low back pain. *New England Journal of Medicine* (1999): http://dx.doi.org/10.1056/NEJM199911043411903

J.C. Liccardione et al.: Osteopathic manipulative treatment for low back pain. *BMC Musculoskelet Disord* (2005): http://dx.doi.org/10.1186/1471-2474-6-43

H. Franke et al.: Osteopathic manipulative treatment for nonspecific low back pain. *BMC Musculoskelet Disord.* (2014): http://dx.doi.org/10.1186/1471-2474-15-286

G. Bronfort et. al.: A randomized controlled trial of spinal manipulation, medication or home exercise for acute and subacute neck pain. *BMC Complement Altern Med* (2012): http://dx.doi. org/10.1186/1472-6882-12-S1-O56

M.V. Mills: The use of osteopathic manipulative treatment as adjuvant therapy in children with recurrent acute otitis media. *Arch Pediatr Adolesc Med* (2003): http://dx.doi.org/10.1001/archpedi.157.9.861

https://www.test.de/Umfrage-Osteopathie-Osteopathie-mit-vielen-Fans-4501432-0/

VERBÄNDE:

Bundesverband Osteopathie: http://www.bv-osteopathie.de

VOD - Verband der Osteopathen in Deutschland: htttp.//www.osteopathie.de

Ausserdem sind Osteopathen in mehreren anderen Verbänden organisiert, die etwa im Osteokompass (s.o.) verzeichnet sind.

ÜBER DIE AUTOREN

CHRISTOF KOZIOL ist staatlich anerkannter Physiotherapeut und Heilpraktiker mit einem fünfjährigen Osteopathie-Zusatzstudium. Im saarländischen Püttlingen betreibt er zusammen mit seiner Frau Salome eine Praxis für Osteopathie und Kinderosteopathie.

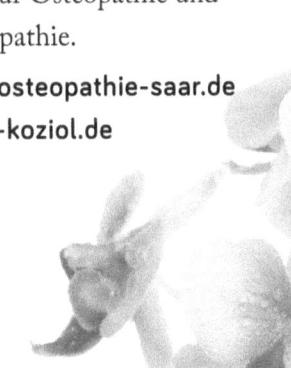

www.kinderosteopathie-saar.de
www.praxis-koziol.de

ERICH LEDERER ist promovierter Biologe und verbrachte 15 Jahre in der medizinischen Forschung, bevor er zum Journalismus wechselte. Als freiberuflicher Autor hat er Beiträge im Bereich Medizin für DIE ZEIT, Spiegel-Online und die Schweizer Sonntagszeitung geschrieben. In seinen regelmäßigen Artikeln für den Informationsdienst DocCheck versucht er, seinen Lesern komplizierte Fakten aus der Gesundheitsforschung verständlich nahezubringen. Er lebt in der Nähe von München.

www.medizin-verstaendlich.de

DANKE

Ein besonderer Dank gilt Julie Karen Hodgins, die neben dem Design, mit viel Systematik, Ordentlichkeit und Beständigkeit zum Gelingen und zur Fertigstellung dieses Buches beitrug.

ERFAHREN SIE MEHR UNTER

OSTEOPATHY
HEALTH CHANNEL

AUF YOUTUBE

Zeitfracht Medien GmbH
Ferdinand-Jühlke-Straße 7
99095 Erfurt, Deutschland
produktsicherheit@kolibri360.de